L'AGAME BARBU
POGONA VITTICEPS

Andree Hauschild

Magnifique spécimen d'agame barbu.
Photo M. Schmidt

Sommaire

Crédit photos :
Couverture : M. Schmidt
Incrustation en couverture : A. Hauschild
Page 1 : Femelle Pogona vitticeps, A. Hauschild

ISBN : 2-915740-29-1

B.P. 3
24520 Mouleydier
www.animalia-editions.net

Titre allemand original : Die bartagame, *Pogona vitticeps*, © 2004 Natur und Tier - Verlag GmbH, Münster, Germany ; and ISBN : 3-9372285-20-2

Achevé d'imprimer en février 2007.
Dépôt légal en février 2007.

Coordination : Gireg Allain
Traduction : Claire Laué
Révision : Philippe Savarin - Jean-Michel Bour
Impression : Comgrafic, Barcelone

Préface

Les agames barbus vivent dans les savanes désertiques et semi-désertiques d'Australie, en limite du grand désert central. Il n'est généralement guère difficile de les repérer : ce sont des lézards peu farouches au physique remarquable. En matinée, ils s'exposent souvent au soleil, au bord des routes, voire directement sur l'asphalte. Du fait de ce comportement, ils sont d'ailleurs souvent victimes de la circulation. Heureusement, ils n'appartiennent pas aux espèces menacées, et sont couramment élevés dans les jardins zoologiques et chez les amateurs. L'agame barbu à tête rayée *Pogona vitticeps* est sans aucun doute un des reptiles les plus populaires et les plus fréquemment maintenus en terrarium ; il est tout simplement le reptile de compagnie idéal. Il n'y a plus de prélèvement dans la nature, les besoins du marché sont entièrement couverts par l'élevage.

Les terrariophiles amateurs ont contribué à la connaissance de la biologie des agames barbus grâce aux observations réalisées en captivité et lors d'expéditions réalisées dans le milieu naturel, en Australie. Nous avons ainsi récolté d'innombrables données sur l'environnement, les températures corporelles, le spectre des proies, etc. et découvert accidentellement le dragon de Lawson (*Pogona henrylawsoni*), une espèce d'agame barbu qui n'était pas encore scientifiquement décrite.

La gueule ouverte sur des dents pointues, la gorge épineuse gonflée, une patte levée, griffes nettement visibles, et la queue fouettant nerveusement l'air, un agame barbu évoque inévitablement un dinosaure miniature. Mais notre petit animal se comporte ainsi seulement lorsqu'il est acculé. D'ordinaire, c'est une bonne pâte qui vient manger dans la main des feuilles de pissenlit et apprécie la tranquillité. Les agames barbus font partie des animaux de terrarium les plus populaires : leur couleur variable, leur riche répertoire comportemental et leur facilité à s'apprivoiser contribuent à cet engouement. Soulignons encore une fois que les agames barbus font partie des animaux de terrarium, toujours plus nombreux, dont la demande est entièrement couverte par l'élevage.

Leur prix est assez raisonnable et il est simple et peu coûteux de les nourrir puisque leur alimentation est composée à 50% de végétaux. Mais toute médaille a son revers : les agames barbus ont besoin de beaucoup d'espace et les soins quotidiens sont contraignants. De plus, leur maintenance impose la présence d'autres animaux vivants dans la maison : les proies (blattes, grillons et criquets). La vocation première du congélateur, du réfrigérateur, du balcon et du potager sera partiellement détournée au profit de ces lézards. Les limites de la patience de votre conjoint risquent d'être rapidement atteintes et il faudra, au préalable, discuter des tenants et des aboutissants de la présence d'un agame barbu dans la maison. Je suis cependant convaincu que dès son arrivée, votre lézard sera adopté comme un membre à part entière de la famille et même baptisé.

Ce livre s'adresse plus spécialement aux débutants. J'aimerais leur transmettre de manière condensée les informations nécessaires à la maintenance, l'entretien et la reproduction de l'agame barbu par excellence : *Pogona vitticeps*. Je vous souhaite une agréable lecture et bien évidemment beaucoup de plaisir avec « Charly » ou quel que soit le nom dont vous baptiserez votre agame barbu.

Grevenbroich, avril 2004
Andree Hauschild

« Charly » s'assure que son soigneur est bien attentif.
Photo A. Hauschild

Description

Les agames barbus sont des sauriens de taille moyenne qui sont exclusivement présents en Australie. Ils appartiennent au genre *Pogona* dont la caractéristique est de pouvoir, à l'aide de l'appareil hyoïde, gonfler la gorge couverte d'écailles épineuses, qui a pris le nom de « barbe ». Ce signal ne manque pas d'impressionner les prédateurs lorsque l'animal est agressé ou apeuré. L'agame barbu à tête rayée (*Pogona vitticeps*), l'agame barbu de Mitchell (*P. mitchelli*), l'agame barbu de l'Est (*P. barbata*) et l'agame barbu du Nullarbor (*P. nullarbor*) sont les espèces du genre dont la barbe déployée est la plus impressionnante.

Le saviez-vous ?

Le nom scientifique du genre Pogona dérive du mot grec « pogon » (« barbe ») et fait référence à la peau épineuse de la gorge.

La longueur totale de l'espèce la plus grande (*Pogona barbata*) est d'environ 60 cm alors que celle de l'espèce la plus petite (*P. henrylawsoni*) est de l'ordre de 30 cm. Le corps, trapu et aplati, comporte des épines au niveau des flancs. Les pattes antérieures et postérieures sont courtes et puissantes.

La tête est courte et triangulaire. Des écailles granuleuses et épineuses sont présentes sur l'arrière de la tête et la nuque, l'agencement de ces écailles est caractéristique de l'espèce. Entre l'œil et l'orifice auriculaire se trouve une bande orange, rouge ou sombre. Selon l'espèce, les orifices auriculaires peuvent être ovales ou triangulaires.

La queue représente plus de la moitié de la longueur totale du corps.

Plusieurs rangées d'écailles épineuses se situent sur les côtés de la queue et sont réparties de sa base vers son extrémité. La face dorsale quant à elle comporte plusieurs bandes transversales d'écailles épineuses moins marquées.
Les muqueuses buccales sont jaunes ou rouges. La plupart des agames barbus présentent un dessin sombre sur un fond clair. Il y a dans l'ensemble, très peu de couleurs et de dessins éclatants mais plutôt des motifs mimétiques.

Seules quelques populations sauvages, par exemple au centre de l'Australie, présentent des nuances de rouge, de jaune ou d'orange apparemment spectaculaires mais en réalité homochromiques des sols de leur habitat. Ces spécimens sont magnifiques.

Le saviez-vous ?

Contrairement aux lézards de nos contrées, les agames barbus ne peuvent pas amputer leur queue par autotomie en cas de danger. Si par accident, l'agame perd sa queue, celle-ci ne repousse plus.

Ce beau spécimen goûte aux joies du bain de soleil.
Photo A. Calgua

Répartition

Les agames barbus ont colonisé l'ensemble du continent australien. *Pogona barbata* se trouve à l'est, dans la bande côtière allant de la Nouvelle-Galles du Sud au Queensland. *P. henrylawsoni* peuple le nord-est et l'intérieur du Queensland. *P. microlepidota* (agame barbu de Kimberley), vit, comme son nom vernaculaire l'indique, dans le Kimberley au nord de l'Australie Occidentale. le sud du Territoire du Nord. *P. nullarbor* est limité à la région désertique du Nullarbor au sud du continent. Enfin, la vaste aire de répartition de *P. vitticeps*, « notre » agame barbu, s'étend sur la partie est du centre de l'Australie.

L'aire de répartition de l'agame barbu de l'ouest (*P. minor*) s'étend du nord au sud de l'Australie occidentale. *P. minima* (le plus petit des agames barbus) n'apparaît que sur l'archipel Houtman Abrolhos qui se situe sur la côte ouest de l'Australie, au nord de Perth. *P. mitchelli* peuple le nord de l'Australie Occidentale ainsi que le centre et

Les conducteurs australiens écrasent souvent, sans hésitation, les agames barbus, alors que les européens freinent et les ramènent au bord de la route...

Le prochain agame barbu n'est plus très loin.
Photo A. Hauschild

Deux minutes plus tard, le pogona est de nouveau au milieu de la route. Photos A. Hauschild

Origine et classification

Le genre *Pogona* fait partie de la grande famille des agames (Agamidés) du sous-ordre des Sauriens. Ils sont regroupés avec les iguanes (Iguanidés) et les caméléons (Caméléonidés) au sein de l'infraordre des Iguania.

Selon la classification retenue, on reconnaît aujourd'hui sept ou huit espèces du genre *Pogona* ; le statut de *P. minima* est controversé. Certains auteurs considèrent ce lézard comme une sous-espèce de *P. minor.*

Les agames barbus étaient autrefois placés dans le genre *Amphibolurus* ; on rencontre parfois encore ce nom de genre dans le commerce animalier et dans la littérature obsolète. Dès 1982, les agames barbus ont été extraits du « melting-pot » *Amphibolurus* et placés dans leur propre genre, *Pogona,* qui fut admis et adopté par les scientifiques et les herpétophiles dans les années suivantes. Aujourd'hui, seules quelque huit espèces d'agames sveltes d'Australie et de Nouvelle-Guinée restent dans le genre *Amphibolurus.*

Le saviez-vous ?

Comment différencier les agames barbus des quelque 70 autres espèces d'agames australiens ? C'est surtout par la barbe plus ou moins développée et la couverture de puissantes épines sur la tête triangulaire et les flancs. Ces signes sont tellement caractéristiques que tous les agames barbus ont été placés dans un genre commun.

Femelle *Pogona henrylawsoni*. Photo A. Hauschild

La couverture épineuse de la tête, de la nuque et du dos de *Pogona henrylawsoni*.
Photo A. Hauschild

Biotope et mode de vie

Tous les agames barbus sont diurnes. Ils vivent au sol et grimpent dans les arbustes et les arbres. Leur optimum thermique est situé entre 28 et 40°C durant la phase d'activité diurne. Le matin, ils sortent de leur refuge nocturne pour grimper sur un endroit élevé, s'aplatissent sur leur ventre et, la surface du corps ainsi agrandie, recueillent la chaleur prodiguée par les rayons du soleil. Au début de l'exposition, ils sont encore froids et leur coloration est presque noire : le corps sombre capte mieux la chaleur. Dès qu'il atteint sa température corporelle optimale, l'animal, qui est à présent de couleur plus claire, quitte sa zone d'insolation pour vaquer à ses occupations ou se mettre à l'affût en quête de proies. Si la température ambiante s'élève trop, entraînant un risque d'hyperthermie (la température corporelle critique est d'environ 44°C), les agames deviennent encore plus clairs et recherchent l'ombre.

Les agames barbus sont des chasseurs à l'affût, ils guettent les proies qui passent à leur portée. Ils s'installent sur des termitières, des pierres, des souches d'arbres, sur les poteaux téléphoniques, dans les buissons et sur tous les endroits offrant un point de vue dominant. Lorsqu'un animal apparaît et uniquement si c'est une proie qui peut être maîtrisée, l'agame s'élance sur son repas et l'avale aussitôt. A côté de petits vertébrés, rongeurs, jeunes oiseaux et grenouilles, différents invertébrés, grillons, blattes et sauterelles, entrent dans leur alimentation. La part végétale,

Les Flinders Ranges en Australie du Sud, biotope de *P. vitticeps*. Photo A. Hauschild

qui représente jusqu'à 50% de la ration, est composée de feuilles, de fleurs et de fruits, les fleurs jaunes étant nettement préférées. Les agames s'abreuvent dans les petites collections d'eau et lèchent les gouttes qu'apporte la rosée sur les feuilles. Une façon particulière de boire a été observée. L'animal se dressait sous la pluie et relevait l'arrière de son corps de sorte que l'eau recueillie sur son dos coulait vers sa tête jusqu'au bout de son museau. Là, il l'absorbait à l'aide de sa langue.

Le saviez-vous ?

Ce sont toujours les mâles qui contrôlent un territoire et le défendent contre les autres mâles adultes. Des sommations pacifiques précèdent le comportement agressif. Si l'intrus n'évacue pas spontanément la zone réservée, le légitime occupant passe à la phase deux : gonflement, ouverture de la gueule, déploiement de la barbe, mouvements de queue, feulement, redressement jusqu'à ce qu'en dernier recours, l'ennemi soit mordu s'il ne veut toujours pas quitter le territoire.
D'autre part, pour communiquer, un couple emploie toute une gestuelle comprenant les hochements de tête, les moulinets des pattes, les saluts, les inclinaisons de tête, les balancements.

Disposition légales

L'Australie contrôle de manière très stricte l'importation de végétaux et d'animaux. Cela lui permet de protéger ses habitants, sa faune et sa flore contre les maladies ou les espèces invasives indésirables. Inversement, toutes les sorties par voies maritimes et aériennes sont surveillées afin d'empêcher la contrebande des espèces endémiques. Les végétaux et animaux sont soumis à une stricte interdiction d'exportation et la justice australienne est intraitable. Pour un seul animal passé en fraude, le trafiquant risque une amende d'un montant à cinq chiffres assortie d'une peine de prison ferme de plusieurs semaines.

On ne doit pas réfréner la petite Lili lorsqu'elle est autorisée à nourrir un agame barbu.
Photo A. Hauschild

En revanche, sur le plan international, les agames barbus ne sont inscrits à aucune annexe de la Convention de Washington. En effet, cette espèce est très présente dans son pays et sa reproduction en captivité est relativement aisée. Les spécimens d'élevage peuvent être maintenus et vendus par des commerçants, sans que cela ne nécessite une quelconque démarche administrative de leur part autre que celle visant à être titulaire du certificat de capacité pour la vente. En ce qui concerne les éleveurs « amateurs », à partir du moment où leur élevage représente un élevage d'agrément au sens de l'arrêté du 10 août 2004, ils n'ont pas besoin d'être titulaire du certificat de capacité pour l'élevage de ce lézard. Cependant, vous devez naturellement respecter les lois générales sur la protection des animaux et maintenir vos lézards de manière adaptée à l'espèce, dans un terrarium aux dimensions convenables (voir plus bas). D'une manière générale, tant qu'il n'y a aucune gêne, qu'il s'agisse des nuisances olfactives dues à l'élevage des proies, des évasions des lézards ou des proies, les agames barbus ne font pas partie des animaux dits « de compagnie » requerrant une autorisation préalable et dont la maintenance peut être interdite par une clause du contrat de location. Toutefois il n'est pas inutile d'inviter occasionnellement le petit garçon du propriétaire pour se faire aider à nourrir les agames de fleurs et de feuilles de pissenlits... (« Charly est vraiment trop gentil, est-ce que je peux lui donner encore de la salade ? »).

Choix de l'animal

La méthode la plus sûre pour se procurer des agames barbus sains et vigoureux est de faire l'acquisition de spécimens d'élevage auprès de terrariophiles amateurs (vous trouverez les annonces dans Reptil Mag ou dans les bulletins d'information et les sites Internet des associations d'herpétologie). On pourra sélectionner son protégé parmi de nombreux frères et sœurs et observer le père et la mère.

L'apparence des juvéniles ne donne guère d'indication sur leur coloration future. Les nuances des parents sont beaucoup plus révélatrices. Des spécimens d'élevage sont régulièrement en vente aussi dans les animaleries.

En raison de la stricte interdiction d'exportation citée plus haut, aucun spécimen sauvage n'est vendu en magasin ou dans des élevages amateurs. On y trouve uniquement des individus d'élevage descendant des quelques spécimens importés d'Australie au début des années 1980. En raison de la forte consanguinité, les animaux présents dans les zoos et chez les terrariophiles sont souvent porteurs de tares génétiques : troubles de la croissance, queue enroulée, déformation de la colonne vertébrale, prédispositions aux tumeurs. Si on veut être certain d'acquérir des juvéniles sains, il faut observer les parents : si, par exemple, le père porte une bosse comme Quasimodo on s'abstiendra d'acquérir sa progéniture.

Le mieux est d'aller chercher vous-même votre agame barbu chez l'éleveur ou à l'animalerie. Vous pourrez aussi l'acquérir dans une bourse aux reptiles. Une expédition par La Poste n'est pas possible. Au cas où vous ne pouvez aller chercher vos lézards personnellement, vous devez avoir recours à une société de transport spécialisée, agrée pour le transport de vertébrés.

Un sac de toile ou un petit terrarium en plastique convient pour

Le truc pratique

N'achetez pas un individu si :
- ses yeux sont mi-clos ou collés,
- il présente des croûtes autour de la mâchoire,
- ses membres sont enflés,
- il lui manque des orteils ou des griffes,
- la base de sa queue est fortement affaissée,
- le bout de sa queue tout noir (nécrosé).

Des déjections sous forme de bouillie dans le terrarium sont le signe d'une maladie intestinale ou une infestation parasitaire. Par pitié, n'achetez pas des agames barbus borgnes, à trois pattes ou visiblement malades ! Les éleveurs et les vendeurs doivent savoir qu'ils ne doivent proposer que des spécimens sains et devront déployer dans ce but tous les moyens appropriées de maintenance et de soins. Les animaux en vente chez les éleveurs et vendeurs sérieux sont pleins de vitalité et prennent spontanément la nourriture qui leur est présentée ou se défendent lorsqu'on les manipule.

transporter vos agames barbus nouvellement acquis. Les individus plus gros doivent toujours voyager seuls. Les juvéniles peuvent être mis ensemble dans un terrarium en plastique. Les boîtes ou terrariums en plastique sont garnis de papier essuie-tout pour le transport, ce qui permet aux juvéniles de s'abriter et de se cramponner. Les récipients de transport sont ensuite placés dans une boîte en polystyrène qui les protège des chocs et surtout des écarts de températures.

Un récipient de transport adapté aux agames barbus.
Photo M. Barts

Un pogona en exposition à l'Aquazoo de Düsseldorf sur le thème : les reptiles dans leur habitat.
Photo A. Hauschild

Terrarium

L'éleveur ou le commerçant que vous avez rencontré vous a réservé les jeunes agames barbus que vous avez choisis. En attendant d'aller les chercher, il faut acheter un terrarium et vérifier le bon fonctionnement de l'installation. Peu importe que le bac soit en bois, en verre, en béton cellulaire, en aluminium ou en polystyrène, qu'il provienne du commerce spécialisé ou qu'il ait été bricolé à la maison, dès lors que les besoins de l'agame barbu sont satisfaits. Plus il est spacieux, plus les lézards s'y sentiront bien.

Un rapport d'expertise allemand du 10 janvier 1997 sur le minimum requis pour la maintenance des reptiles préconise les dimensions minimales suivantes : 5 x 4 x 3 (L x l x H) multiplié par la longueur totale de l'occupant. Les agames barbus adultes mesurent en moyenne 25 cm ; on recommande donc 125 x 100 x 75 cm. Toutefois, il s'agit d'un minimum et, intuitivement, j'ajouterais 50 cm supplémentaires en longueur et en largeur et je suis sûr que, s'ils pouvaient parler, les agames barbus opineraient.

Il existe à la vente des terrariums en verre prêt à l'usage, avec des dimensions standard ou sur mesure. Le verre comporte des avanta-

Markus Juschka montre un bac de quarantaine simple, fait de panneaux en plastique, avec un fond en styrodur (polystyrène extrudé), enduit de résine époxy. On y ajoute deux vitres coulissantes, un couvercle en aluminium, un spot halogène de 75 W et une lampe de 120 W.
Photo A. Hauschild

Élaboration d'un terrarium de plein air, de plain-pied. Carlo, le chien, n'a pas tout compris... Photo A. Hauschild

ges : bonne visibilité, facilité de nettoyage, étanchéité (sauf si les collages ont été mal réalisés). Toutefois, le poids élevé et la fragilité de ce matériau représentent des inconvénients. De plus, il est difficile d'y faire des trous ou de le couper. Si l'on opte pour un terrarium en verre, on devra absolument garnir l'arrière d'un décor pouvant être escaladé ou au moins coller à l'extérieur un poster représentant une savane australienne qui fournira un peu d'intimité aux animaux et améliorera l'esthétique. Les rails où coulissent les portes vitrées doivent être de bonne qualité et suffisamment hauts pour que du sable ne s'y glisse pas.

Avec un peu d'ingéniosité on peut aussi construire (ou faire construire), un grand terrarium léger. Il suffit de réaliser un cadre en profilés d'aluminium que l'on peut refermer à l'aide de contre plaqué ou de plaques de PVC expansé. Un bac en plastique surélevé posé au sol constitue le fond de ce terrarium. Il fera office de salle à manger, de chambre, de solarium, de coin pour fouiller, de lieu de ponte,

Ce terrarium de plein air fait 2 m de long et 1 m de haut. Le fond est en grillage inoxydable. Photo A. Hauschild

etc. Ce fond doit être facilement accessible pour le nettoyage, le renouvellement du substrat ou la collecte des œufs. La face avant est formée de deux portes battantes qui s'ouvrent indépendamment. Des portes coulissantes ou une unique grande porte vitrée ne conviendraient pas pour ce type de montage. Un tel vivarium est léger, résistant et représente une alternative au verre bon marché.

Les terrariums en panneaux mélaminés sont aisés à fabriquer, même pour un bricoleur n'ayant pas une grande habileté. Ce genre de panneau est coupé sur mesure dans les grandes surfaces de bricolage. On devra choisir une épaisseur d'au moins 19 mm et exclure les panneaux destinés à un usage extérieur qui contiennent des produits de traitement toxiques. On pourra les assembler au moyen de tasseaux. Les cloisons latérales, le sol, le plafond et la cloison arrière sont construites en panneaux mélaminés. La face avant est constituée de deux vitres coulissant, en haut et en bas, dans un rail de plastique en dou-

Mâles en position de combat. Faire cohabiter plusieurs mâles dans un terrarium d'intérieur n'est pas possible. Photo A. Calgua

Les terrariums en plein air doivent être sécurisés contre les évasions des agames et les intrusions des chats par exemple. Photo A. Calgua

ble U. Une grande ouverture est découpée dans le plafond que l'on couvre de tôle perforée ou de grillage métallique pour l'aération. On procède exactement de la même manière au milieu d'une des cloisons latérales. On jointoiera proprement les angles et les coins intérieurs avec un joint de silicone. On peut aussi améliorer l'esthétique extérieure du terrarium en couvrant les arrêtes avec des cornières en plastique ou en aluminium. Ce genre de terrarium est particulièrement stable, résiste aux coups et éraflures ainsi qu'à l'humidité s'il est bien collé.

Ces agames barbus ont utilisé un jardin d'hiver pour un séjour au soleil. Il faut veiller à ce que les pogonas ne puissent pas s'échapper pendant les « séjours en plein air ».
Photo A. Calgua

Si l'on souhaite maintenir plusieurs groupes d'élevage d'agames barbus, les besoins en espace sont considérables. Pour un mâle et trois femelles, par exemple, on devra déjà disposer de quatre terrariums ! Parmi tous les types de vivariums, il existe une alternative à prix record qui mérite d'être mentionnée : l'étagère de stockage en cornières pré-percées sur lesquelles sont vissées des tablettes en tôles. On y ajustera des panneaux mélaminés de 19 mm qui constitueront les parois latérales et arrière. Naturellement, l'avant est vitré.

Encore un mot sur l'aération pour clore ce chapitre sur la construction de terrarium : prévoyez de grandes surfaces d'aération. Qu'il y a-t-il de pire que des lézards sans cesse à la recherche d'un peu d'air frais ? Il sera possible de réduire ultérieurement les ouvertures si elles se révélaient être trop importantes. En revanche, forer des trous ou découper des fentes d'aération sur un terrarium déjà fini est un travail délicat au résultat aléatoire.

J'ai également obtenu de bons résultats en accordant à mes agames barbus un séjour en plein air lorsque le temps le permettait. Il suffit de disposer d'un terrarium extérieur comportant à la fois des zones ensoleillées et des zones ombragées. On ramène les animaux à l'intérieur en période de pluie continue ou de froid. Les terrariums standard en verre ne conviennent pas car lorsqu'ils sont exposés aux rayons du soleil car la température y monte rapidement à des valeurs beaucoup trop élevées. J'ai vu les terrariums d'extérieur les mieux adaptés il y a 30 ans, en Hollande, chez Bert Langerwerf. Il s'agissait de petites serres, enterrées jusqu'à la moitié dans le sol et équipées en haut de trous d'aération en grillage métallique galvanisé. En cas de froid ou de pluie, il était possible de les recouvrir de plaques de verre. Il pouvait ainsi obtenir des températures nettement supérieures à nos « valeurs normales », rendant possible un séjour extérieur en dehors de la période chaude d'été. Quel que soit le type de terrarium d'extérieur, il faut être très attentif au risque d'évasion de nos protégés et au danger de prédation : le chat des voisins ou une corneille peuvent décider de rendre leur repas plus exotique.

Installation technique

Même si l'on a fabriqué soi-même le terrarium, pour les travaux électriques, il est recommandé de faire appel à un électricien afin d'éviter les électrocutions et les risques d'incendie. Des températures et un éclairage corrects constituent le b.a-ba de la terrariophilie. Les reptiles sont des animaux poïkilothermes (« à sang froid »). C'est-à-dire qu'ils ne sont pas capables de réguler leur température corporelle par voie métabolique, mais qu'ils dépendent de la chaleur environnante. Les agames barbus ont autant besoin d'un point chaud pour se réchauffer que de zones plus fraîches. Il faut en outre leur offrir un endroit où règne une température moyenne. Ces recommandations peuvent paraître compliquées, mais sont en fait faciles à respecter si l'on installe dans le terrarium différents systèmes d'éclairage et de chauffage. Il n'est pas superflu de connecter quatre lampes différentes qui permettront en outre de reproduire les variations nycthémérales naturelles d'intensité lumineuse. Le matin, le programmateur les allumera successivement, toutes les deux heures, et les éteindra au même rythme, l'une après l'autre l'après-midi. Le gradient thermique, qui permet aux lézards de s'exposer à la tempéra-

Les programmateurs peuvent être réglés de façon à instaurer une variation des conditions climatiques. Photo M. Barts

Lampe HQL. Photo M. Schmidt

ture de leur choix, ne peut être créé que dans un grand terrarium. Dans un vivarium de taille modeste, la température est évidemment uniforme. J'ai malheureusement trop souvent vu, chez des éleveurs inexpérimentés, des agames barbus vivant dans des terrariums trop petits et surchauffés qui se tenaient dressés sur leur pattes postérieures, haletant, la gueule grande ouverte, rencognés contre la cloison, incapables d'échapper à la chaleur. À l'inverse, une température trop basse peut avoir des effets fatals sur la santé des lézards.

En résumé : grâce à un agencement ingénieux de lampes chauffantes et d'éclairage, on crée dans le terrarium des agames barbus un gradient thermique qui atteint la journée, durant la phase d'activité, environ 25°C aux zones les plus fraîches et jusqu'à 40°C aux zones chaudes. Directement sous les ampoules chauffantes, la température peut atteindre 40 à 50°C. Ainsi, les agames barbus pourront toujours trouver la zone correspondant à leur température moyenne préférentielle.

Quelles sont les meilleures lampes ? À puissance égale, les lampes de type D ou NDL-HQI ont un rendement lumineux deux fois plus élevé. Mais attention, il faut fournir le rayonnement lumineux le plus naturel possible ! Les solutions d'éclairage modernes comme les HQI, CDM et CDM-R présentent le meilleur spectre de lumière. Les lampes à vapeur de mercure (HQL) sont différentes des lampes à halogénures métalliques (HQI). Le spectre de couleur des HQL ne correspond pas à celui de la lumière solaire ; leur rendu est plutôt artificiel. Malgré tout, j'ai réussi à plusieurs reprises l'élevage de diverses espèces de scinques et d'agames barbus dans des terrariums éclairés par une lampe HQL de 125 W, exclusivement ou en combinaison avec une autre lampe.

Le truc pratique

Pour une exposition aux UV, la lampe « Ultra Vitalux » (300 W) d'Osram est un classique. Du fait des radiations thermiques et UV, on exposera, à une distance d'au moins un mètre et pas plus d'une fois par jour, chacun des individus. Une plus grande exposition abîmerait inévitablement les yeux. La lampe n'émet sur la totalité de son spectre qu'après quelques minutes. Chaque exposition devra durer entre 15 et 60 minutes. L'idéal est d'augmenter progressivement la durée plusieurs fois par semaine. Il existe depuis peu des tubes fluo et des lampes UV similaires d'une plus petite puissance (100 et 160 W) proposés par divers fournisseurs dans les animaleries. Ces sources UV et thermiques peuvent être utilisées toute la journée.

Les lampes à économie d'énergie sont peu gourmandes en électricité mais elles sont laides et on s'efforcera de les dissimuler. Les nouveaux tubes fluorescents T5 nécessitent un ballast et des douilles spécifiques ; l'usage d'un réflecteur permet de limiter les pertes.

On installera des lampes chauffantes de 25 à 150 W localement, dans les zones chaudes et pour l'éclairage de surfaces plus petites. On veillera à ce que les animaux ne puissent atteindre ni l'ampoule ni la douille. Dans le cas contraire, ils pourraient se brûler. J'aime bien également utiliser des projecteurs extérieurs à lampes halogènes fréquemment disponibles en offre spéciale dans les grandes surfaces de bricolage. S'il est bien monté et qu'on évite les projections directes d'eau lorsqu'on brumise le terrarium, ce type d'appareil fonctionne des mois et fournit aux agames barbus une bonne source de chaleur. On utilise des lampes de 150 à 300 W selon la distance au sol. On peut ajuster la distance de projection en plaçant une ou plusieurs pierres sous la lampe, jusqu'à ce que la température souhaitée soit atteinte.

Les tubes fluorescents permettent d'obtenir un bon rendement lumineux si l'on opte pour le modèle adéquat. J'ai été satisfait de l'utilisation des Philips « TLD 86 » de 18 W et des Sylvania « F18 BLB » de même puissance comme source D'UV-A. Placées ensemble dans un luminaire double, les deux lampes fournissent de la lumière bénéfique à la santé des lézards.

« Ultra Vitalux » (300 W) d'Osram.
Photo M. Schmidt

À propos de santé : la part des UV dans l'éclairage est essentielle pour les sauriens diurnes comme les agames barbus. Les rayons UV-A, de longueurs d'onde élevées, favorisent surtout le processus de renouvellement de la peau. La mue se déroule souvent plus facilement et plus régulièrement chez les individus exposés aux UV que chez les individus non exposés. Les rayons UV-B, de longueurs d'onde moyennes, jouent un rôle important pour la synthèse de la vitamine D3. Celle-ci permet l'assimilation du calcium et elle est donc fondamentale pour la constitution du squelette. L'irradiation par des lampes UV-C est totalement inadaptée et peut nuire à la santé des animaux.

Un thermomètre permet de vérifier les températures dans le terrarium.
Photo K. Kunz

La photopériode sera ajustée en fonction de la saison. Les agames barbus élevés chez nous depuis des générations se sont adaptés au rythme européen des saisons (en Australie, leur pays d'origine, c'est l'été lorsque chez nous dans l'hémisphère Nord, c'est l'hiver). On optera pour une durée du jour de 12 à 14 heures en été, de 9 heures en hiver et de 10 heures au printemps et en automne. Durant l'hiver, mes agames barbus se reposeront pendant six semaines sans chauffage ni éclairage, à la température ambiante.

Toute l'année, on déconnecte toutes les sources de lumière et de chauffage pendant la nuit pour arriver à la température ambiante.

Je ne suis pas favorable à l'usage des pierres et des tapis chauffants dans les terrariums pour les lézards héliophiles. Ils présentent beaucoup plus d'inconvénients que d'avantages. Par exemple, le substrat humide est asséché rapidement et le terrarium est empoussiéré. De plus, avec un chauffage au sol, la provenance de la température n'est pas naturelle : dans la nature, la chaleur vient presque exclusivement d'en haut (du soleil) et les sauriens sont adaptés à cette polarité. Je vous recommande donc d'utiliser exclusivement des lampes et pas de chauffage au sol.

L'installation technique du terrarium est d'une importance capitale pour maintenir des agames barbus en bonne santé. Photo M. Schmidt

Aménagement du terrarium

On remplit tout d'abord le terrarium d'un sable de carrière grossier et argileux. Un bac suffisamment profond permet un remplissage jusqu'à 30 cm de hauteur. Cette épaisseur de substrat est idéale, il conservera ainsi l'humidité très longtemps et ne sera pas totalement réchauffé par la radiation thermique provenant du haut. Les terrariums situés dans une pièce d'habitation sont fréquemment beaucoup trop secs. Cela nuit à la santé de nos protégés et entraîne des troubles de la mue, des nécroses au niveau des pattes, des doigts et de la queue, ainsi que de la goutte. Une mesure préventive consiste à pulvériser généreusement le substrat du terrarium chaque matin avec de l'eau tiède. Ce n'est qu'après quelques heures que le sol séchera en surface. Toutefois, le substrat ne doit en aucun cas rester durablement humide ou être totalement détrempé.

Les souches d'arbres sont de jolis objets de décor. Photo M. Schmidt

N'utilisez ni copeaux de bois ni fragments d'écorce comme substrat. S'ils sont accidentellement avalés, ils peuvent provoquer une occlusion intestinale dont seule une intervention chirurgicale peut venir à bout.

Selon la taille du terrarium, une ou deux grosses branches placées près des sources de lumière suffisent. Choisissez-les plus épaisses que le corps de vos protégés. Les agames ne grimpent pas aux branches, mais courent plutôt dessus. On privilégiera une branche naturelle avec son écorce. Elle devra être impérativement solidement fixée. On imagine ce qui arriverait si une lourde pièce du décor tombait alors que votre petit « Charly » se trouve en dessous juste à ce moment-là...

Il est préférable de renoncer aux éléments de décor artificiels comme les tubes en plastique

Des agames barbus d'élevage devenus adultes dans leur terrarium. De tels morceaux de liège peuvent provoquer des lésions au niveau des griffes chez les gros individus. Photo M. Schmidt

revêtus de moquette : ils représentent un risque considérable d'accident ! J'ai déjà vu des pattes luxées, des orteils en sang, et des griffes arrachées parce que les animaux s'étaient empêtrés dans les fibres du textile. Ce type de matériau n'a rien à faire dans un terrarium. L'écorce de chêne-liège est un matériau léger et décoratif, mais est un peu trop mou à mon avis. Les griffes des grands agames barbus peuvent y rester accrochées et être arrachées. (Mais on peut installer, sans problème, des souches de chêne-liège pour le petit *Pogona henrylawsoni*).

Un deuxième plan est créé avec quelques pierres plates. Si leur poids élevé représente un problème, on les remplacera par des roches artificielles. On peut aussi réaliser des corniches ou un décor rocheux pour les parois latérales et arrière grâce à un treillis métallique modelé pour adopter le volume souhaité puis

Les agames barbus sont des animaux de compagnie impressionnants. Photo K. Kunz

recouvert d'un mat de fibre de verre, fixé avec de la colle thermique et enduit de résine artificielle. Que l'on utilise de la résine époxy, polyester, vinylique ou acrylique, il faut faire attention aux émanations de solvants qui peuvent irriter les voies respiratoires, les yeux et déclencher des allergies. Vous devez donc soigneusement lire les instructions avant de commencer, et toujours ouvrir les fenêtres en grand pendant le travail (ou travailler directement en plein air). Une fois sec, on y applique deux couches de peinture. On peut mélanger des couleurs, voire y mêler des galets ronds ou du sable pour offrir aux lézards une surface à laquelle ils puissent s'accrocher.

On peut aussi utiliser du polystyrène expansé pour fabriquer des roches artificielles. Les contours d'une formation rocheuse sont ébauchés dans un panneau de polystyrène pour la construction du paysage d'arrière-plan. On peut se servir pour cela d'une petite scie égoïne ou d'autres outils. On peut aussi sculpter des pièces formant des surplombs ou des reliefs et les fixer à la base avec de la colle à polystyrène. Ensuite, on enduit l'ensemble d'une couche uniforme de résine époxy ou de colle à bois, qui formera une surface dure, résistant aux griffes acérées. On peut également garnir la surface de sable ou de galets avant séchage. Vous pouvez trouver encore beaucoup d'autres idées sur l'aménagement des terrariums dans le livre de Philippe Gérard (Le terrarium, Animalia Éditions, 2005).

Le saviez-vous ?

Si la paroi artificielle en polystyrène n'a pas été uniformément et soigneusement résinée, les agames barbus risquent d'éroder de leurs griffes les zones non recouvertes et de disperser des billes de polystyrène dans tout le terrarium.

Il est inutile de mettre des plantes vivantes dans les terrariums d'agames. Les animaux sont tout bonnement incapables de comprendre qu'il s'agit d'éléments de décoration et non de mets provenant d'une épicerie fine. Si l'on tient absolument à cultiver des plantes naturelles, il faudra les installer hors de portée des agames. Un bon compromis consiste à employer des plantes artificielles. Il existe des modèles parfaitement imités, dont la ressemblance avec de véritables végétaux est stupéfiante.

Acclimatation des individus et entretien

Avant de rejoindre leur terrarium, les individus récemment acquis devront être placés en quarantaine dans un terrarium de 100 x 60 x 60 cm. Il suffit de couvrir le sol de papier essuie-tout, d'installer une coupelle d'eau et une source de lumière et de chaleur qui doivent absolument fournir les températures optimales ! On examinera soigneusement le lézard pour déceler les parasites externes. Des échantillons d'excréments seront transmis à un vétérinaire spécialisé en reptiles qui effectuera lui-même les analyses ou à un laboratoire d'analyses médicales. S'il ne se produit aucune manifestation pathologique pendant la quarantaine, on peut procéder au transfert des agames barbus dans leur terrarium de résidence.

Le truc pratique

Si tous les soins indiqués ici sont régulièrement prodigués, alors l'hygiène dans le terrarium sera suffisante et les maladies seront le plus souvent évitées.

Chaque terrariophile est naturellement satisfait lorsque ses protégés mangent bien. Lorsqu'on entre dans la pièce où se trouve le terrarium, on remarque rapidement, à l'odeur désagréable qui y flotte, que les agames barbus ont déféqué. Les déjections devront être très rapidement retirées à l'aide d'une petite pelle. Si vous remarquez que les animaux défèquent constamment à un endroit précis, vous pouvez y enfouir une boîte en plastique qui recevra l'essentiel des fèces et rendra leur élimination beaucoup plus facile. Lorsque les agames barbus consomment de la nourriture souillée ou leurs propres déjections, ce manque d'hygiène favorise la multiplication rapide de parasites et de microorganismes. On devra donc enlever la nourriture non consommée du terrarium au plus tard le soir même.

De l'eau de boisson fraîche devra être disponible dans de lourdes coupelles en céramique assez profondes. Comme nous l'avons déjà mentionné, on devra vaporiser régulièrement (plusieurs fois par semaine) le terrarium. Ainsi, le substrat ne se dessèche pas et une hygrométrie adéquate règne dans le terrarium. Un hygromètre permet de contrôler l'humidité relative : elle doit être de 30 à 40 % durant la journée et elle augmente naturellement la nuit à 50 ou 60 % grâce à l'humidité du substrat.

Les éléments du décor seront nettoyés sous l'eau chaude environ toutes les quatre semaines. Les vitres du terrarium seront régulièrement nettoyées avec un produit à base de vinaigre, on les rincera plusieurs fois et on les essuiera avant le retour des occupants. Le substrat devra être changé si besoin, au moins une fois par an. Il en est de même des lampes dont le rendement s'affaiblit considérablement.

L'entretien des agames barbus ne consiste pas seulement à les nourrir. Photo M. Schmidt

Alimentation

En terrarium, les agames barbus se nourrissent de la même manière que dans la nature, c'est-à-dire de près de 50 % de végétaux et le reste de presque tous les animaux qu'ils peuvent maîtriser. Ils ne recherchent pas activement leurs proies, mais se tiennent à l'affût. Les petits vertébrés (souris et rats, par exemple) ainsi que divers invertébrés (criquets, blattes et grillons) font partie de leur éventail de proies. Dans la nature, de jeunes oiseaux, des grenouilles et même de jeunes congénères entrent dans leur alimentation. Selon la saison, ils se nourrissent de différentes fleurs, feuilles, fruits et de quelques espèces de légumes.

En captivité, on leur donnera, si possible, une nourriture fraîche, équilibrée et variée. Les insectes disponibles dans le commerce, comme par exemple les grillons noirs, les grillons géants, les criquets, les teignes de ruches, les drosophiles, les larves de cétoines noires et

Les proies, comme ces blattes de l'espèce *Panchlora nivea*, doivent elles-mêmes être toujours bien nourries. Ainsi, leur valeur nutritive pour les agames barbus sera élevée. Photo A. Hauschild

dorées et les blattes d'Argentine sont bien acceptés. Plus leur alimentation sera variée et mieux ce sera pour eux. Blattes, grillons et criquets doivent être bien nourris, les petits escargots rien avoir à boire ni à manger, à part du papier d'emballage. Non seulement cela constitue une maltraitance pour les insectes, mais de telles proies sont totalement dépourvues de valeur

Un couple de blattes d'Argentine.
L'individu ailé est le mâle.
Photo A. Hauschild

fraîchement ramassés et les larves de cétoines, dodus. On voit, chez certains terrariophiles, les petites boîtes de grillons posées sur la galerie d'éclairage du terrarium. Les derniers grillons sont des zombies qui titubent dans la boîte surchauffée, sans nutritionnelle pour les agames barbus.

C'est simple : les proies achetées sont placées immédiatement dans un terrarium en plastique, haut et doté d'un couvercle. Pour les manipuler et les prendre, on peut ensuite utiliser de longues

Les germes de blés poussent en toutes saisons et sont appréciées des pogonas aussi bien que des proies. Photo A. Hauschild

pincettes. On place à l'intérieur une ou deux boîtes à œufs vides pour aider les insectes à muer et qu'ils puissent s'en servir comme cachette. Chaque jour, on leur met un peu de nourriture sèche et très peu de fruits frais, ou de salade, dans une petite écuelle qui devra être remplacée quotidiennement. Leur donner plus n'est guère nécessaire, mais leur donner moins est nuisible ! Si l'on traite la nourriture vivante de façon correcte et consciencieuse, les agames en tireront un bénéfice considérable.

En été, on peut attraper des criquets, des araignées, des chenilles glabres et des mouches ou encore ramasser des petits escargots. Il faudra éviter les zones traitées avec des pesticides et ne pas collecter dans les réserves naturelles. Encore quelques phrases sur l'alimentation des agames barbus avec des vertébrés. Les grands adultes peuvent aussi être nourris de petits mammifères (hamster, rats et souris) entiers ou découpés. Pour leur épargner des souffrances, ces proies devront être données séparément, uniquement mortes, avec des pincettes. Les poussins d'un jour, le poisson et les abats (cœur ou foie, par exemple), peuvent également être proposés aux agames barbus. En ce qui me concerne, je ne donne ni petits mammifères, ni volailles, ni poissons, ni abats, pauvres en fibres, à mes agames barbus qui ne s'en portent pas plus mal. De plus, l'odeur des déjections est considérablement réduite par ce régime sans produits carnés issus de vertébrés.

Il y a tant de végétaux comestibles que les énumérer tous serait fastidieux. Les feuilles et les fleurs de pissenlits sont particulièrement appréciées par les agames, de même que des herbes sauvages ou du potager. Les feuilles de plantain, le mouron, le trèfle, les pâquerettes, le thlaspi, le basilic, la courge, le poireau, le persil et les fleurs de sureau font partie de leurs aliments préférés, pour n'en citer que quelques-uns. Cela m'a toujours amusé de parcourir les champs, puis quelques heures plus tard, de proposer à mes agames barbus le fruit de ma récolte. Sur quoi se jettent-ils en premier ? Qu'est-ce qu'ils dédaignent ? Par quoi sont-ils dégoûtés ? Bien évidemment, on évite de leur donner des plantes toxiques.

Les fruits seront coupés en petits morceaux ou râpés et dénoyautés ; toutefois, il faut en proposer avec parcimonie car leur rapport phosphocalcique est souvent défavorable. La part de calcium, si importante pour la construction osseuse, devra autant que possible prédominer.

Les germes constituent un aliment à ne pas sous-estimer. L'hiver présente notamment un défi pour le soigneur : comment trouver de la nourriture fraîche et appétissante pour les agames barbus ?

Le truc pratique

Éviter les laitues. Ces salades n'ont pratiquement aucune valeur nutritionnelle et proviennent généralement de serres.

On peut, par exemple, cultiver des germes frais, de blé et de soja, dans un germoir Biosnacky®. Il s'agit d'un sys-

Ces criquets constituent une nourriture classique pour nos agames.
Photo A. Hauschild

tème pour la culture des germes, en vente dans les magasins de produits diététiques, composé de trois tamis, empilés les uns sur les autres, et équipé d'un couvercle. De cette manière, on peut faire pousser n'importe quelle quantité de germes ou de pousses. L'entretien, minime, se limite à un arrosage quotidien. On produit ainsi de la nourriture de bonne qualité, même en hiver.

Le truc pratique

Placez de l'os de seiche broyé et un bloc de sel pour pigeon dans une petite coupelle. Les agames barbus les utiliseront pour couvrir leurs besoins en calcium.

En matière d'alimentation, la variété est indispensable. Un type d'aliment apprécié aujourd'hui sera souvent dédaigné demain mais consommé avidement la semaine prochaine. L'apport de vitamines et de calcium est un sujet de controverse. Pour éviter les carences, je distribue du printemps jusqu'à l'automne des escargots tout juste collectés. Les agames consomment la coquille calcaire et la chair du corps. Sinon, pour obtenir une alimentation riche en vitamines et minéraux adaptée aux agames barbus, on place les proies dans une boîte et on les saupoudre d'un mélange de vitamines et minéraux et de citrate de calcium. Les deux s'achètent chez les vétérinaires. Les proies sont secouées délicatement, puis données immédiatement aux lézards.

Si les individus ne sont pas régulièrement exposés aux UV, il est important de leur fournir de la vitamine D3. Il est recommandé de fournir une préparation polyvitaminée pour usage vétérinaire. L'expérience avec les autres lézards indique que la dose de 100 U.I. (unités internationales) de vitamine D3 par kg de masse corporelle et par semaine doit convenir. Il faudra tenir compte de la quantité déjà présente dans la préparation polyvitaminée et lors de l'administration, il faudra veiller à ce que chaque individu reçoive vraiment la quantité qui lui est destinée (sans qu'il ne mange ou boive la ration des autres, causant ainsi un surdosage). Le plus simple est de mélanger les vitamines dans une purée de bananes sucrée qui sera donnée séparément à chaque individu.

En ce qui concerne l'eau, une coupelle et l'humidité du substrat ne suffisent pas. Un bain toutes les quatre semaines est utile pour le bon déroulement de la mue, mais aussi pour le plaisir des animaux. On place les agames dans une grande cuvette d'eau à environ 25°C, dans laquelle ils peuvent tenir la tête hors de l'eau. On y verse un peu de mélange polyvitaminé car généralement, les individus commencent par boire avidement. Ils profitent pleinement de ces 20 minutes de baignade, pataugent, plongent, boivent et nagent une sorte de crawl. Souvent, cela stimule la défécation. Il faut ensuite changer l'eau pour l'individu suivant. On les sèche soigneusement avant de les remettre immédiatement dans le terrarium chaud. On profitera de la manipulation pour vérifier qu'il n'y a pas de reste de mue sur la queue, les orteils et les griffes. Le cas échéant, il faut les enlever. On ne devra jamais baigner plusieurs individus à la fois, afin d'éviter les querelles ! Certains éleveurs ont rapporté une réaction de panique d'agames barbus placés dans l'eau. Bien évidemment, dans ce cas, on s'abstient de les baigner.

Résultat de dix minutes de collecte d'escargots. Photo A. Hauschild

Femelle *P. vitticeps* au début de la mue. Photo A. Hauschild

Longévité et santé

Les agames barbus maintenus en terrarium de manière adaptée et exempts de tout parasite peuvent atteindre un âge respectable et même vivre plus vieux qu'en liberté. Une durée de vie de dix ans ou plus n'est pas exceptionnelle. Un éleveur est naturellement très fier lorsqu'un de ses protégés atteint un tel âge en bonne santé.

Lorsqu'un lézard est malade, il faut consulter un vétérinaire sans tarder, en s'adressant de préférence à un praticien ayant une expérience de l'herpétologie. Cet ouvrage n'a pas la prétention d'indiquer au lecteur les traitements à suivre en cas de maladie. Nous nous contenterons de lui donner les moyens de reconnaître les manifestations pathologiques (sans prétendre à l'exhaustivité).

Troubles de la mue

Les troubles de la mue ne sont pas forcément inquiétants. L'éleveur devra cependant s'assurer qu'il a respecté certaines consignes : hauteur de sable dans le terrarium d'au moins 30 cm, pulvérisation du substrat tous les matins avec de l'eau tiède, bain des agames à 25°C toutes les quatre semaines. L'observation de ces règles simples de maintenance, devrait suffire à éliminer les troubles de la mue.

Si après plusieurs jours, les restes d'exuvie ne se détachent pas, ils devront être soigneusement enduits d'une fine couche de vaseline, puis délicatement enlevés à la main. Il faut porter une attention particulière aux orteils et à la queue. La nécrose et le dessèchement de l'extrémité de la queue et des orteils sont une conséquence de la rétention de restes d'exuvie, conduisant à la ligature des parties touchées. Dans certains cas, un enveloppement avec de l'essuie-tout humide, maintenu à l'aide de petits rubans pendant quelques heures, donne de bons résultats. Mais certains agames barbus retirent à la vitesse de l'éclair ce costume saugrenu ! Lorsque la vieille peau ne s'est pas complètement détachée après quelques jours, et que les bains n'ont donné aucun résultat, alors il ne reste plus qu'à consulter le vétérinaire.

Blessures

En cas de blessure ou fracture des extrémités, il faut, dans tous les cas, consulter le vétérinaire. Celui-ci pourra déterminer le meilleur soin à apporter au cas présenté et vous donner les traitements à faire suivre à votre animal.

Le truc pratique

Il faut toujours placer un individu blessé seul dans un terrarium. Il peut ainsi se remettre sans subir aucun stress supplémentaire. Lui proposer une alimentation riche et veiller consciencieusement à une prophylaxie minutieuse contribuera de manière optimale au processus de guérison.

« Charly » dans le jardin. Ce genre d'excursion sous surveillance est bénéfique pour la santé des agames barbus. Photo A. Hauschild

Autres signes de maladie

Il faut immédiatement consulter le vétérinaire si les symptômes suivants apparaissent :

- refus de s'alimenter hors période du repos hivernal,
- yeux mi-clos,
- ventre creux, colonne vertébrale courbée,
- gueule déformée et ramollie,
- problème de coordination pour attraper la proie,
- tremblements de la tête, mouvements non coordonnés,
- gueule ouverte en permanence, respiration difficile et/ou sifflante,
- dépôts jaunes sur les dents, lèvres gonflées,
- amaigrissement, queue portant des sillons,
- déjections inhabituellement malodorantes,
- inactivité inexplicable, couleur sombre de la peau,
- poches des hémipénis enflées,
- petits points (mobiles) rouges, noirs, orange ou jaunes sur le corps (acariens),
- femelles aux yeux mi-clos, apathiques, un « murmure » audible dans le ventre : rétention d'œufs.

Reproduction des agames barbus

Pour beaucoup de terrariophiles, la finalité de la maintenance des agames barbus est sans aucun doute leur reproduction. Vous reconsidérerez peut-être cela lorsque vous devrez élever toute une ribambelle de jeunes pogonas pleins d'entrain !...

Hibernation

Dans leur pays d'origine, l'Australie, les agames barbus suivent le rythme annuel du climat. La disponibilité de la nourriture, l'intensité lumineuse et la chaleur varient selon la saison. L'aire de répartition des pogonas se trouve en zone subtropicale. Cette zone connaît des variations climatiques nettes, notamment un hiver froid pendant lequel les individus sauvages entrent en phase de repos. Cette période devra être reproduite en terrarium. Certains considèrent que l'hibernation est essentielle à leur bien-être, il est également possible qu'elle déclenche l'instinct de reproduction.

Bien sûr, seuls les agames barbus sains et vigoureux, exempts de tout parasite, peuvent hiberner. L'hibernation commence par une phase de transition de 3 à 4 semaines. En premier lieu, on cesse de nourrir les lézards (ce qui permet d'éviter la putréfaction d'aliments non digérés dans l'intestin durant l'hibernation). Une fois arrivé à la moitié de la phase de transition, on réduit graduellement la durée et l'in-

Œufs d'agames barbus dans de la vermiculite humide. Photo A. Hauschild

tensité de l'éclairage, de même que la température du terrarium. Ensuite, on arrête le chauffage et l'éclairage durant l'hibernation proprement dite qui durera 6 à 8 semaines. On peut choisir librement le moment exact de cette période de repos. Une fois fixé, on devra conserver autant que possible ce rythme pour les autres années. Pendant le repos hivernal, on éteint complètement la lumière dans le terrarium, on ne nourrit ni ne baigne les individus et on les laisse tranquilles. Seule l'écuelle doit

Le truc pratique

À l'exception de la période d'accouplement et surtout pendant l'hibernation, les agames barbus sont maintenus séparément. Mon expérience montre que, lorsqu'on rassemble des individus des deux sexes après le repos hivernal, cela les incite à s'accoupler et conduit à un élevage réussi.

toujours être pleine d'eau fraîche. Pendant l'hibernation, les températures avoisinent celles de la pièce : 18 à 21°C. Les agames sont très peu actifs et se retirent complètement dans leurs abris. Leur métabolisme est fortement réduit afin qu'ils ne perdent pas trop de poids. Une forte perte pondérale pendant l'hibernation peut être signe d'une infestation parasitaire. Dans ce cas, il faut interrompre la phase de repos et consulter immédiatement le vétérinaire !

Une fois que les agames barbus ont terminé leur repos hivernal, on les réhabitue lentement, sur une période de deux semaines, à des températures plus élevées, à plus de lumière et enfin à s'alimenter.

L'effort récompensé : les bébés éclosent ! Photo A. Calgua

Une hibernation aussi « légère » ne fait aucun tort aux juvéniles en bonne santé, même si certains éleveurs préfèrent ne pas imposer ce repos à leurs protégés pendant leur première année d'existence.

Accouplement

On ne fait se reproduire que des individus en bonne santé, bien nourris, qui ne sont pas directement apparentés l'un à l'autre et qui sont âgés d'un an au moins.

Le mâle commence à manifester de l'intérêt pour la femelle lorsqu'il mesure environ 30 cm. 2 à 4 semaines après la fin de l'hibernation, il hoche vigoureusement la tête de haut en bas. Il plie puis redresse successivement ses pattes, entraînant le haut du corps dans un mouvement de haut en bas, et sa gorge (la « barbe ») devient très noire. La femelle répond par des mouvements de pattes. D'abord calme, elle s'incline, fuit et se soustrait à la tentative de rapprochement. Puis, elle se tient face au mâle et lui fait un signe de tête. Le mâle se rapproche alors de son élue et essaye de la mordre entre la nuque et les épaules.

À présent, pour mettre son cloaque en contact avec celui de sa partenaire, il lui gratte le dos de ses pattes postérieures jusqu'à ce qu'elle lève la base de sa queue, lui permettant ainsi d'introduire un de ses hémipénis dans le cloaque. La copulation dure quelques minutes seulement, puis, mâle et femelle se séparent.

Le truc pratique

Dans tous les cas, le mâle devra être éloigné de la femelle quelques semaines avant la ponte. Ainsi, celle-ci peut enterrer ses œufs tranquillement à un endroit convenable dans son environnement habituel. On ne doit pas déloger la femelle pour la mettre avec le mâle, mais le mâle pour le mettre avec la femelle (c'est l'une des questions la plus fréquemment posée). Si la femelle est mise dans un environnement qu'elle ne connaît pas, le risque de rétention d'œufs est plus important.

Les agames barbus aiment prendre des bains de soleil prolongés.
Photo A. Calgua

Gestation et ponte

Le délai séparant un accouplement fécond et la première ponte est d'environ six semaines. Durant cette période, il faut prendre particulièrement soin à l'alimentation de la femelle en lui offrant une nourriture variée et suffisamment de vitamines et de minéraux. Son alimentation pendant la gestation est un facteur déterminant de la réussite de l'élevage ! La femelle prend de l'embonpoint et passe beaucoup de temps sous la lampe chauffante. Puis, les œufs se dessinent vaguement sur les flancs. Peu de temps avant la ponte, elle cesse généralement de s'alimenter, bien que cela ne soit pas toujours le cas, elle devient agitée. C'est à ce moment que la recherche d'un lieu de ponte approprié commence. Cette phase dure quelques jours pendant lesquels la femelle déambule beaucoup et procède à des essais en creusant dans tous les endroits possibles. Il est crucial qu'un lieu de ponte adapté soit disponible dans le terrarium. S'il n'y en a pas, elle peut ne pas pondre et souffrir d'une rétention d'œufs. La vie de la femelle est alors en danger et cette pathologie nécessite l'intervention d'un vétérinaire ! Si vous avez agencé, équipé et entretenu votre terrarium comme indiqué dans ce livre (substrat épais, zone humide, températures correctes), la ponte se déroulera sans problème. La femelle cherche un endroit humide mais non détrempé du substrat où la température avoisine 25 à 30°C. Elle y creuse un trou dans lequel, s'il s'agit d'une femelle adulte, elle pondra 20 à 30 œufs (mais on a enregistré des records de plus de 60 œufs). Le trou est ensuite soigneusement rebouché de sorte que l'éleveur ne sait pas toujours où se trouvent les œufs. Cependant, il est facile de voir que la ponte a eu lieu car la femelle est amaigrie et semble épuisée.

Une fois fécondées, les femelles peuvent produire jusqu'à sept pontes par saison. On peut retirer les œufs quelques heures après que la femelle s'en soit éloignée. Ils sont alors tout durs. Il faut les frotter avec une brosse à poils doux, les manipuler prudemment, mais en aucun cas il ne faut les retourner. Chez les reptiles, l'embryon est rapidement polarisé et comme il n'y a pas de chalaze, si l'œuf était retourné, il se retrouverait sous le sac vitellin qui l'écraserait. Les œufs doivent être transférés dans un incubateur car il est très difficile de maintenir les bonnes conditions environnementales dans un terrarium. Par ailleurs, les petits seraient mangés par les parents.

Incubation

Des boîtes de grillons fermées par un couvercle et remplies à moitié de vermiculite ou de perlite (disponibles en animalerie) modérément humide se sont avérées parfaitement adaptées pour l'incubation. On devra toujours enfouir les œufs à moitié dans le substrat (voir photo pages 48-49).

Le truc pratique

La vermiculite est au bon degré d'humidité lorsqu'elle contient un peu moins d'eau que le poids du substrat lui-même (attention ! Comparez les poids, pas les volumes !). En touchant le substrat, on doit sentir l'humidité, mais il ne doit pas goutter lorsqu'on le prend dans la main. L'eau ne doit s'échapper que lorsqu'on le serre de toutes ses forces. Je conseille au néophyte de peser le récipient contenant les œufs au début de l'incubation puis chaque semaine et le cas échéant, de remplacer la quantité évaporée en versant l'eau par la bordure du récipient.

On place ces récipients dans un incubateur acheté dans le commerce ou bricolé. Une fois par semaine, on vérifie l'état du substrat et des œufs, on remet de l'eau si besoin et on élimine les œufs pourris. Lorsqu'on humidifie le substrat, il faut veiller à ce que l'eau n'entre pas directement en contact avec les œufs (attention aussi à l'eau de condensation sur le couvercle il devra toujours être incliné de sorte que les gouttes ne tombent pas sur les œufs).

Les boîtes de grillons communément employées ont des dimensions standard. Je recommande de ne pas mettre plus de 7 à 8 œufs par boîte. Au début, la boîte semble relativement grande pour les œufs qui ont à ce moment la taille d'une bille. Cependant, ces œufs à coquille molle grossissent au cours de leur développement en absorbant l'humidité jusqu'à la naissance des petits. La couvée est incubée pendant 50 à 80 jours à 26/29°C et à un taux d'hygrométrie de 95 %. Un à deux jours avant la naissance, des gouttes perlent à la surface de la coquille : les œufs « suintent ». Quelques heures après, les petits agames barbus fendent la coquille à l'aide de leur minuscule « dent de l'œuf » qui tombera ensuite. Ils sortent leur petite tête de l'œuf en s'étirant consciencieusement et commencent à respirer. Ils peuvent passer des heures, voire une journée entière dans cette position sans quitter la coquille. Cette opération est très éprouvante et leur paroi abdominale est encore ouverte car le vitellus n'est pas complètement résorbé. On laisse donc les petits prendre leur temps pour quitter la coquille.

Les agames barbus apprennent très vite où trouver les friandises. Photo M. Schmidt

Une fois que les juvéniles sont sortis de l'œuf, on les retire prudemment de l'incubateur. Généralement, la paroi abdominale n'est toujours pas complètement fermée et le vitellus pas entièrement résorbé. On les place dans une autre boîte à grillons dont le fond est recouvert de papier absorbant humide. Cette boîte est replacée dans l'incubateur. Un jour après, au plus tard, le vitellus devrait être enfin totalement résorbé.

Le saviez-vous ?

Il arrive parfois que la paroi abdominale se referme mais que le sac vitellin demeure en dehors du corps. Il s'assèche et tombe quelques jours après, sans que l'animal ne souffre de ce phénomène. Jusque-là, ce bébé devra absolument être maintenu à l'isolement. Ses frères et sœurs risquent de mordre dans cet appendice rouge vif et de le déchirer ! Cela provoquerait des lésions au nombril et au ventre et l'individu mourrait certainement.

Élevage des juvéniles

Après la naissance, le temps semble long au terrariophile avant que les bébés pogonas n'acceptent leur premier repas. Il peut se passer une semaine avant qu'ils ne happent leur premier grillon, qui juste avant était encore ignoré, même lorsqu'il passait sous leur nez. Les juvéniles sont nourris exactement avec la même nourriture animale et végétale que leurs parents. Simplement, on la leur distribuera en moins grande quantité. Comme pour les parents, les proies ne sont pas distribuées telles quelles, mais saupoudrées de vitamines et de minéraux.

Le truc pratique

La nourriture animale (grillons, criquets, petits escargots, blattes, etc.) n'est pas simplement jetée dans le terrarium. Les proies sont données une par une aux petits. D'une part, ces invertébrés pourraient se cacher dans le décor, par exemple sous les branches, et d'autre part, cela peut paniquer et stresser les bébés confrontés à un trop grand nombre d'animaux courant en tout sens. Une proie dans un terrarium reste une proie, trois aussi, à partir de cinq, le nombre devient critique, sept constituent une menace, à neuf c'est l'invasion. Au-dessus de ce nombre, c'est intolérable ! Les petits paniquent, courent dans le terrarium, se cognent contre les vitres, tremblent, et risquent de rapidement succomber au stress !

Le terrarium d'élevage ne devra pas être trop petit et son aménagement devra rester simple. Une superficie d'environ 80 x 60 cm convient pour trois juvéniles. Du papier absorbant recouvre le fond, on y place une boîte de 12 œufs en carton, une coupelle d'eau fraîche changée quotidiennement, un bloc de sel pour pigeon comme source de calcium et deux branches du diamètre d'un bras. Au-dessus des branches, on placera une lampe chauffante qui créera une zone chaude à 35°C.

Dès le début, en plus des proies animales, il faut donner des aliments végétaux. Tomate, salade, pissenlit, mouron, thlaspi, etc. seront proposés tous les jours. Ils devront être coupés en tout petits morceaux. Les juvéniles les mangent généralement mieux ainsi. Une plante en pot, par exemple du persil ou du basilic, laissée dans le terrarium, convient aussi très bien. Elle sera mangée petit à petit. Tous les jours, on propose aux juvéniles de l'eau à l'aide d'une pipette, au cas où ils ne seraient pas encore capables de boire à même l'écuelle de manière autonome. Il vaut mieux ne pas mettre de vitamines hydrosolubles dans la coupelle d'eau, mais plutôt faire tomber la solution goutte-à-goutte à l'aide d'une pipette directement sur le bout du museau. Il est ainsi plus facile de contrôler la distribution. L'exposition des juvéniles aux rayons UV est fondamentale. On les placera deux fois par semaine pendant 30 minutes à un mètre de distance sous une lampe Osram-Ultra-Vitalux de 300 W. On met le petit dans un seau sous la lampe, on règle un programmateur et on vaque à ses occupations pendant ce temps. Ensuite, on le remet dans son terrarium et on prend l'agame suivant pour une exposition d'une demi-heure. Cela ne remplace pas le vrai soleil, mais produit un effet approchant. On peut aussi installer dans le terrarium d'élevage une lampe UV d'une puissance de 100 W du type cité plus haut et la laisser allumée toute la journée.

Le truc pratique

Les terrariums pour pogonas doivent toujours être installés de manière à ce qu'il n'y ait aucun contact visuel avec les congénères des autres terrariums. Dans une situation extrême, la vue d'un individu dominant peut tellement stresser le dominé qu'il succombera.

Dans ce terrarium d'élevage, on voit bien la lampe et le point chaud qu'elle produit.
Photo A. Calgua

Le truc pratique

Une astuce pour conclure : toutes les indications données dans ce livre sur la maintenance en terrarium se rapportent à l'agame barbu à tête rayée (Pogona vitticeps). Cependant, vous pouvez maintenir le petit P. henrylawsoni dans les mêmes conditions, celui-ci ne nécessitant pas un terrarium aussi grand. L'espèce est certes plus difficile à obtenir dans le commerce que l'omniprésent P. vitticeps, mais, avec un peu de ténacité, vous devriez pouvoir en trouver.
Ces deux espèces sont beaucoup plus tolérantes vis-à-vis de l'homme que les autres, d'ailleurs guère disponibles et plus délicates à maintenir. Mais que ce soit P. vitticeps ou P. henrylawsoni, ces sympathiques lézards vous enchanteront !

Si l'on remarque qu'un des jeunes ne mange pas, refusant systématiquement la nourriture, il doit être isolé. Un tel comportement signifie qu'une hiérarchie s'est (déjà) instaurée parmi les juvéniles. L'individu dominé est en danger de mort. Il semble avoir perdu toute vitalité et généralement, si on ne l'isole pas, il ne s'en sortira pas !
Une alimentation variée, une exposition régulière aux UV et un bain occasionnel d'eau chaude permettent aux juvéniles d'atteindre la maturité sexuelle en six mois. À partir de ce moment, il faut vérifier qu'il n'y a pas de frictions dans le groupe et, le cas échéant, isoler certains individus (surtout les mâles sexuellement matures). Pendant le repos hivernal ou au plus tard juste après, il est indiqué de séparer les sexes et de répartir les individus en groupes homogènes.

Informations complémentaires

Pour approfondir les informations données dans ce livre et pour acquérir une connaissance plus complète de la terrariophilie et de l'herpétologie, il est conseillé d'adhérer à une association de terrariophilie et de lire les nombreux ouvrages spécialisés.

La liste suivante doit vous aider à entrer dans le vif du sujet, mais n'est évidemment pas exhaustive.

Internet

En principe, Internet offre une abondance d'informations. Il est cependant presque impossible pour le profane de faire la différence entre ce qui est exploitable et les grossiers mensonges. En conséquence, tous les rapports publiés sur le World Wide Web sont à apprécier avec prudence.
En surfant sur les différents forums de discussions, on peut aussi trouver de précieuses informations.
Tous ceux qui sont disposés à donner des renseignements ne possèdent pas forcément la connaissance de base nécessaire.

Associations

La société allemande d'herpétologie et de terrariophilie est l'association la plus importante en son genre dans le monde, avec plus de 8000 membres et rassemble les scientifiques et les herpétologues amateurs. Les membres reçoivent tous les trimestres au moins trois revues d'herpétologie/terrariophilie différentes.
Deutsche Gesellschaft für Herpetologie une Terrarienkunde (DGHT)
e.V., Postfach 1421
5351 Rheinbach (Allemagne)
Tel. : 02225-703333
http://www.dght.de
E-mail : gs@dght.de
Au sein de la DGHT, il existe différents groupes de travail qui se sont spécialisés dans un domaine précis. L'un deux est le AG Schlangen (groupe de travail sur les serpents). Ceux qui sont intéressés peuvent se renseigner plus précisément auprès du premier président :
Ralf Hörold
Stichelgasse 2a
67229 Gerolsheim (Allemagne)
Tel : 06238-982265
Fax : 06238-982540
http://www.dght.de/ag/schlangen/index.html
E-Mail : r.hoerold@web.de

L' Association Française de Terrariophilie regroupe plusieurs centaines de membres. Elle édite une revue trimestrielle destinée à ses adhérents (Situla), ainsi que de nombreux bulletins de liaison. L'AFT organise également une exposition-bourse annuelle rassemblant amateurs et professionnels de la terrariophilie.
Association Française de Terrariophilie (AFT)
64 route du Mont St-Michel
50170 BEAUVOIR
http://www.aft.asso.fr

L' « European Snake Society » s'occupe également de la maintenance et de l'élevage des serpents. Les revues publiées par cette association quatre fois par an, « Litteratura Serpentium » sont disponibles en anglais et en hollandais.
E-Mail : secretary@snakesociety.nl,
www.snakesociety.nl

Revues

En Français :

REPTILMAG
Le magazine des animaux insolites, trimestriel
B.P. 3
24520 Mouleydier
Tél. 05 53 24 07 60
www.animalia-editions.net

En allemand :

DRACO
Livret à thèmes terrariophiles
Paraît quatre fois par an
Natur und Tier –Verlag GmbH,
An der Kleimannbruecke 39/41
48157 Muenster
Tel : 0251-13339-0
E-Mail : verlag@ms-verlag.de
www.ms-verlag.de

REPTILIA
Revue spécialisée en terrariophilie, paraît six fois par an
Natur und Tier –Verlag GmbH
An der Kleimannbruecke 39/41
48157 Muenster
Tel : 0251-13339-0
E-Mail : verlag@ms-verlag.de
www.ms-verlag.de

SAURIA
Terrariophilie et herpétologie
Paraît quatre fois par an
Terrariengemainschaft Berlin e.V.
Bruno Treu
Christstr.10
14059 Berlin
E-Mail : abo@sauria.de

Livres conseillés

- Le terrarium, Philippe Gérard, Animalia Éditions, 2005
- Les lézards, collectif, Animalia Éditions, 2003
- L'élevage des agames barbus et des uromastyx, S. Jullian & P. Gérard, Philippe Gérard Éditions, 1998
- Agames barbus et lézards à collerette, A. Hauschild & H. Bosch, Matthias Schmidt Publications, 2004

Remerciements

Je remercie vivement Markus Juschka (Neuss) et l'Aquazoo de Düsseldorf pour m'avoir permis de prendre des photos.

Merci également Krinton Kunz et Heiko Werning qui ont relu mon manuscrit et dont l'aide a permis de le finir dans les délais impartis.

Bibliographie

BUNDESMINISTERIUM FÜR ERNÄHRUNG, LANDWIRTSCHAFT UND FORSTEN, REFERAT TIERSCHUTZ (1997): Gutachten über Mindestanforderungen an die Haltung von Reptilien. – Bonn, 76 S.

COGGER, H.G. (1992): Reptiles and amphibians of Australia. – Reed Books & Cornell University Press, Chatswood & New York, 775 S.

FRIEDRICH, U. & W. VOLLAND (1992): Futtertierzucht. – Ulmer, Stuttgart, 188 S.

HAUSCHILD, A. & H. BOSCH (1997): Bartagamen und Kragenechsen. – Natur und Tier - Verlag, Münster, 95 S.

KÖHLER, G. (1997): Inkubation von Reptilieneiern – Grundlagen, Anleitungen, Erfahrungen. – Herpeton, Offenbach, 205 S.

–, K. GRIESSHAMMER & N. SCHUSTER (2003): Bartagamen – Biologie, Pflege, Zucht, Erkrankungen. - Herpeton, Offenbach, 190 S.

MANTHEY, U. & N. SCHUSTER (1992): Agamen. – Natur und Tier - Verlag, Münster, 120 S.

MÜLLER, P.M. (2002): Die Bartagame. – Kirschner & Seufer, Keltern/Weiler, 78 S.

PALIKA, L. (2003): Leben mit Bartagamen. – Natur und Tier - Verlag, Münster, 206 S.

RAUH, J. (2000): Grundlagen der Reptilienhaltung. – Natur und Tier - Verlag, Münster, 216 S.

WILMS, T. (2004): Terrarieneinrichtung. – Natur und Tier - Verlag, Münster, 128 S.

Les agames barbus sont des animaux de compagnies curieux. Photo M. Schmidt

Animalia éditions
B.P. 3
24520 Mouleydier
Tél. 05 53 24 07 60
www.animalia-editions.net